WINTERNACHT UND SCHNEEGEFLÜSTER

Zauberhaftes zur Weihnachtszeit

arsEdition

Ein klirrend kalter Winter kann wunderschön sein mit kunstvollen Eiskristallen, die er auf Fensterscheiben zaubert, dem Wunder einer Schneeflocke, die vom Himmel gaukelt oder langen, sternenklaren Nächten. Lass dich mit stimmungsvollen, schön gestalteten Sprüchen und Bildern zu den kleinen Geheimnissen dieser wunderbaren Jahreszeit entführen und genieße die *Vorfreude auf Weihnachten* einmal aus einem anderen Blickwinkel.

Schneeflocken

sind die Schmetterlinge
des Winters.

Schnee ist auch nur *Konfetti* aus den Wolken.

BEGINNE DIE
Weihnachtszeit
mit einem Lächeln.

Diejenigen,
die nicht an *Magie* glauben,
werden sie nie finden.

ROALD DAHL

Der Winter zähmt Mensch und Tier.
William Shakespeare

Den Winter genießen und warten auf den Frühling – welch eine Freude.

Der Schnee glitzert

wie eine Million kleiner Sonnen.

Let it snow!

Behalte die
Wärme im Herzen,
wenn die Tage kälter werden.

Wenn wir ein
kleines Lächeln
weitergeben, strahlt
immer ein bisschen
Wärme zurück.

MONDE UND JAHRE VERGEHEN
UND SIND IMMER VERGANGEN, ABER
ein schöner Moment
LEUCHTET DAS GANZE
LEBEN HINDURCH.

FRANZ GRILLPARZER

Zu Weihnachten werden Wünsche wahr.

Also denk daran, dir etwas zu wünschen.

Im Winter

Die Tage sind so dunkel,
die Nächte lang und kalt;
doch übet Sternenfunkel
noch über uns Gewalt.

MAX VON SCHENKENDORF

Weihnachten –

es war immer
mein schönstes Fest.

THEODOR STORM

Ach, nur im Dunkeln

funkeln die Sterne!

Paul Scheerbart

Die Zukunft gehört denen,
die an *die Schönheit*
ihrer Träume glauben.

ELEANOR ROOSEVELT

Die Liebe lebt von
liebenswürdigen Kleinigkeiten.

THEODOR FONTANE

Erst wenn
Weihnachten
im Herzen ist,
liegt Weihnachten
auch in der Luft.

WILLIAM TURNER ELLIS

DER AUGENBLICK
IST JENES ZWEIDEUTIGE,
DARIN *Zeit und Ewigkeit*
EINANDER BERÜHREN.

SØREN KIERKEGAARD

Jedes Mal,
wenn ihr einander anseht
mit den Augen des Herzens,
mit einem Lächeln auf den Lippen,
ist Weihnachten.

AUS BRASILIEN

Die Nacht ist die
Königin der Schatten.
WEISHEIT AUS DEM SENEGAL

NACHT, DUNKLE,
STÜRMISCHE NACHT,
TRAGE, TRAGE AUF
SCHWINGEN DES TRAUMES,
TRAGE DIE DULDENDE SEELE
INS WELTALL.

MAURICE REINHOLD VON STERN

Nimm dir Zeit
für dich selbst.

Die Zeit liegt immer vor uns.
WEISHEIT AUS FINNLAND

Schnee,
der sich leicht
ballen lässt,
schmilzt bald.

JEAN PAUL

Obwohl doch Schnee liegt
die Berge so purpurrot
im Abendlichte

SHIKI

Am kältesten ist es da,
wo es am draußensten ist.

Winter
ist keine
Jahreszeit,
sondern
ein Gefühl.

Ich wüsste gern,
ob der Schnee die
Bäume und die Felder liebt,
wo er sie so *zärtlich küsst.*

LEWIS CARROLL

Wir Menschen sind wie Schneeflocken:

Jeder von uns ist *einzigartig*.

Höre auf deine innere
Stimme und sei mutig
genug, ihr zu folgen.

Ein Satz, der von
Herzen kommt,
hält dich den ganzen
Winter lang warm.

Kopf hoch, sonst verpasst du das

Funkeln der Sterne.

Glück ist wie ein kleiner
Stern, der mitten in den Tag fällt.

Einmal nicht höher,
schneller, weiter,
sondern langsamer,
bewusster, menschlicher.

Mögest du dir die Zeit
nehmen, die *stillen Wunder*
zu feiern, die in der lauten Welt
keine Bewunderer haben.

IRISCHER SEGENSWUNSCH

Träume
färben sich erst
des Nachts.

KURT TUCHOLSKY

Wir lieben
die Sterne zu sehr,
um uns vor der Nacht
zu fürchten.

JOHN BRASHEAR

Der Stern von Bethlehem
ist ein Stern in dunkler Nacht –
auch heute noch.
EDITH STEIN

Sterne –

dieses Feuerwerk,
das in der Luft bleibt.

JULES RENARD

Träume sind aus Wünschen gewebt.

WEISHEIT AUS BRASILIEN

Ich denke,
wünschen hilft.

RAHEL VARNHAGEN VON ENSE

In uns selbst
liegen die Sterne unseres Glücks.

HEINRICH HEINE

Am Himmel hoch

erlosch im Licht ein Stern.

JOACHIM RINGELNATZ

Weihnachten –
die stille Zeit der
kerzenleuchtenden
Fenster.

Nimm dir ein bisschen Zeit
und genieße die einfachen
Dinge des Lebens.

Das Schönste,
was du einem Menschen
schenken kannst, ist Zeit.

Es ist
nicht das Geschenk,
sondern der *Gedanke,*
der zählt.
HENRY VAN DYKE

Wie leide ich
vor Sehnsucht!
Wäre es doch
Weihnachten!

HANS CHRISTIAN ANDERSEN

Liebeläutend zieht
durch Kerzenhelle, mild,
wie Wälderduft,
die *Weihnachtszeit*.

JOACHIM RINGELNATZ

Die *gemeinsamen Momente*
mit deinen *liebsten Menschen*
machen die Weihnachtszeit
so besonders.

Wenn die Erinnerung
die Vorfreude übertrifft –
dann war es schön.

WILHELM VOGEL

Es gibt Tage,
die vergisst man nicht, egal,
wie lange sie her sind.

Genieße den
weihnachtlichen Lichterglanz und
die glitzernde Vorfreude,
die er weckt.

DIE ERDE IST ANGEFÜLLT

mit Himmel.

ELIZABETH BARRETT BROWNING

Vertraue deine Wünsche den *Sternen* an und warte ab, was passiert.

DIE VORFREUDE AUF WEIHNACHTEN
LEUCHTET IN KINDERAUGEN WIE
Sterne am Winterhimmel.

Über uns
glänzt Stern bei Sterne,
um uns braust die Ewigkeit.

FRIEDRICH NIETZSCHE

Mach diesen Dezember zu ★

etwas ganz Besonderem.

Hier und jetzt
ist die Weihnachtszeit.
Genieße sie,
bevor sie vorbei ist!

Pack dich warm ein,
geh spazieren und
öffne alle Sinne für die

*Weihnachtsstimmung,
die dich umgibt.*

Zünde eine Kerze
an und beobachte
die Flamme.

Wir gehen vielleicht mit unseren **Gefühlen** zu sparsam um, leben zu sehr mit Gedanken, und das verdirbt uns.

MAXIM GORKI

Tu das, was sich
in deinem *Herzen*
richtig anfühlt.

Geduld

ist nicht die Fähigkeit zu warten,
sondern die Fähigkeit, beim Warten
gut gelaunt zu bleiben.

Weihnachten ist die große Zeit
des Zuviel.

LEIGH HUNT

Zeit hat man nicht,
die nimmt man sich.
Besonders für das, was
einem wichtig ist.

Backe dieses Jahr einmal wieder deine
Lieblings-Plätzchensorte
aus Kindertagen. ♥

Das Geheimnis der Weihnacht
ist, dass wir auf unserer Suche nach dem
Großen und Außerordentlichen auf das
Unscheinbare und Kleine
hingewiesen werden.

Ich werde Weihnachten in *meinem Herzen* ehren und versuchen, es das ganze Jahr hindurch aufzuheben.

CHARLES DICKENS

DAS SCHÖNSTE GERÄUSCH IST
die Stille.

NIMM DIR
ZEIT FÜR DIE *Stille*
UND SCHÄRFE DEINEN
BLICK FÜR DAS, WAS
WIRKLICH ZÄHLT.

Gelassenheit

ist häufig der Schlüssel zum Glück.

Mach das Warten
auf Weihnachten
zum Genuss und gönn
dir immer wieder
kleine Momente
zum Innehalten.

Glaube an
Wunder, Liebe
und Glück!

Das Leben ist vielleicht kein Wunschkonzert, aber ganz bestimmt ein *Wunderwerk*.

Nimm dir Zeit
für die Dinge, die dich
glücklich machen.

Das Schönste, was
es in der Welt gibt,
ist ein leuchtendes
Gesicht.

ALBERT EINSTEIN

Liegt diesen Winter Schnee?
Dann leg dich mitten hinein,
forme mit deinen Armen
einen *Schnee-Engel*
und freu dich am
Ausblick in den Himmel.

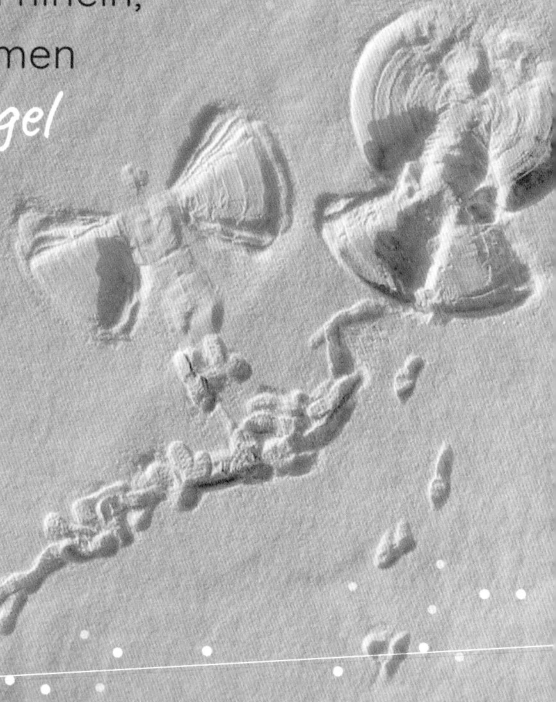

Erster Schnee

Aus silbergrauen
Gründen tritt
ein schlankes Reh
im winterlichen Wald
und prüft vorsichtig,
Schritt für Schritt,
den reinen, kühlen,
frisch gefallenen Schnee.
Und deiner denk ich,
zierlichste Gestalt.

CHRISTIAN MORGENSTERN

Die längsten Nächte des Jahres
laden ein zu Spaziergängen
mit Blick auf die Sterne.
Atme tief durch und genieße
die prickelnd kalte Winterluft.

Wenn du still bist,
verstehen dich
nur Menschen, die
dich fühlen.

Etwas, das du nicht bekommst, kann manchmal eine *wunderbare Fügung* des Schicksals sein.

DALAI LAMA

DAS GROSSE GLÜCK MAG

kleine Dinge.

Lass die Eile heute
einfach mal warten.

LANGSAM MACHT
SCHNELL GLÜCKLICH.

Die größte Offenbarung
ist die *Stille*.

LAOTSE

Folge deinen Träumen,
sie kennen den Weg.

Sei aufmerksam
anderen gegenüber
und höre ihnen gut
zu, dann hast du
bald Geschenkideen
in Hülle und Fülle.

WENN DU GIBST,
GIB MIT FREUDE
UND EINEM LÄCHELN.
JOSEPH JOUBERT

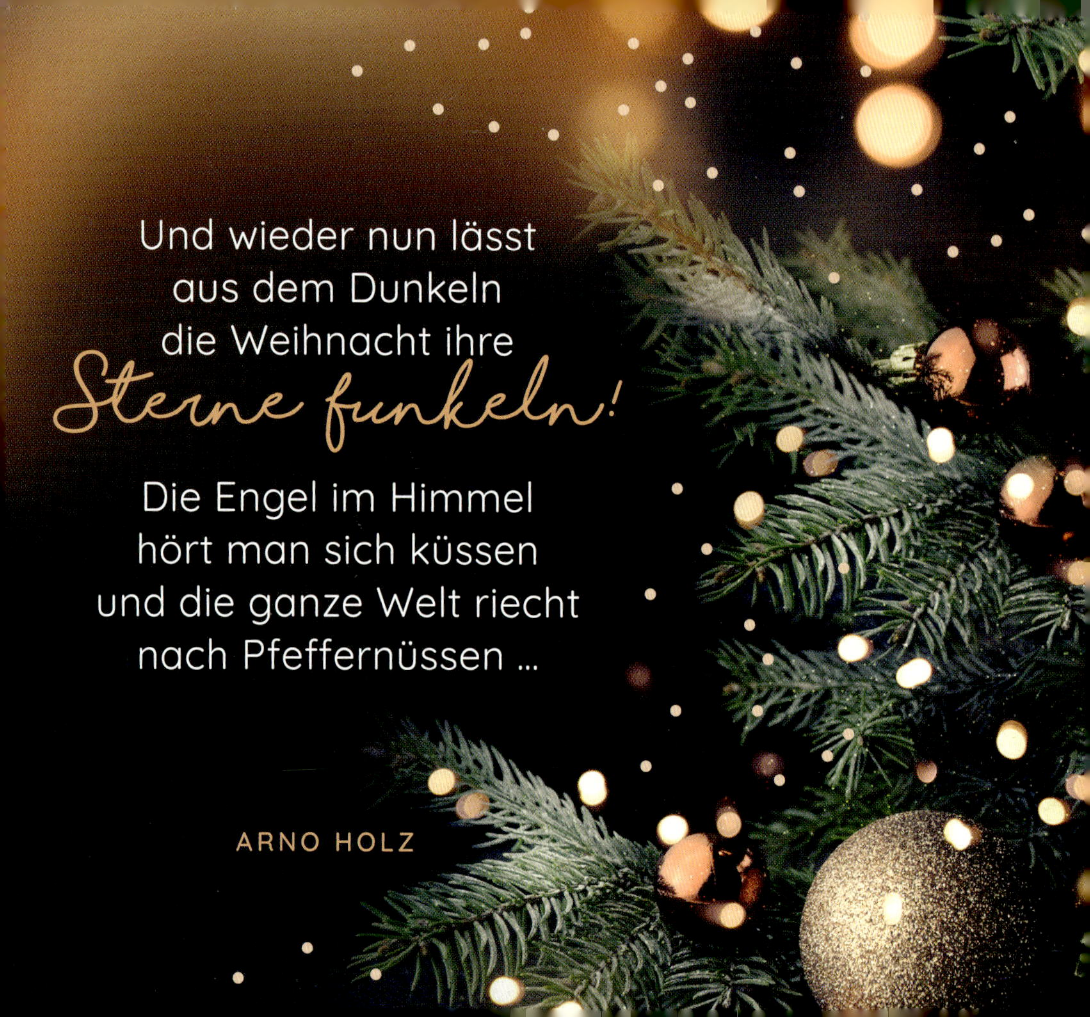

Und wieder nun lässt
aus dem Dunkeln
die Weihnacht ihre
Sterne funkeln!

Die Engel im Himmel
hört man sich küssen
und die ganze Welt riecht
nach Pfeffernüssen …

ARNO HOLZ

Wärme dir einen
Weihnachtspunsch,
Glühwein oder Grog und
genieße mit allen Sinnen.

SAMMLE KEINE
DINGE, SONDERN
Augenblicke!

Wunder
sind leise.
Pass auf, dass du
sie nicht übersiehst!

Es ist schön, den Augen dessen zu begegnen, dem man soeben etwas geschenkt hat.

JEAN DE LA BRUYÈRE

Die schönsten Dinge
auf dieser Welt kann
man weder sehen noch
berühren, sondern nur
im Herzen spüren.
HELEN KELLER

Tausende von Kerzen kann man am Licht einer Kerze anzünden, ohne dass ihr Licht schwächer wird.

Freude nimmt nicht ab, wenn sie geteilt wird.

BUDDHA

NICHTS KANN DAS
LICHT DIMMEN,
DAS AUS DIR SELBST
SCHEINT.
MAYA ANGELOU

Bleib *gelassen* und *lächle*,
auch wenn alle um dich
herum hektisch sind.

Augen können
nur leuchten, wenn
das Innere leuchtet.

Weihnachten heißt, Unwichtiges
aus dem Alltag wegzulassen, um für die
wichtigen Dinge
Zeit zu haben.

Wer mich beschenkt,
lehrt mich zu schenken.

WEISHEIT AUS DÄNEMARK

Glück FÄLLT UNS NICHT WIE EIN GOLDKLUMPEN IN DEN SCHOSS, SONDERN IN VIELEN KLEINEN TALERN.

MARIE BODDAERT

Sag Danke
für das, was war.
Dann beginnt
das, was werden
wird, unter einem
guten Stern.

Bildnachweise: Hintergründe Cover: www.shutterstock.com: mamita, Anastasiia Veretennikova, www.unsplash.com: Adrien Converse, Casey Horner;

Bilder, Hintergründe Innenteil: www.shutterstock.com: S. 4: Melinda Nagy, S. 6: Elenadesign, S. 10: Guschenkova, S. 13: Mr Twister, S. 14: tomertu, S. 15: phive, S. 16: suns07butterfly, S. 17: VerisStudio, S. 18: Art Furnace, S. 19: All for you friend, S. 22: CARACOLLA, S. 23: iravgustin, S. 25: Art Furnace, S. 33: Melinda Nagy, S. 34: Mumemories, S. 35: Alena Ozerova, S. 36: Subbotina Anna, S. 37: one AND only, S. 38: VerisStudio, S. 40: Khaneeros, S. 41: Andrey Prokhorov, S. 42: Triff, S. 43: IgorAleks, S. 44: Smiltena, S. 45: Blixa 6 Studios, S. 47: Moomusician, S. 48: Syda Productions, S. 51: Mallmo, S. 52: iravgustin, S. 58: Julia Tochilina, S. 62: coldsun777, S. 63: Zamurovic Brothers, S. 65: Studio Peace, S. 68: Zamurovic Brothers, S. 70: Mari Dein, S. 72: bojangles, S. 73: goodmoments , S. 76: one AND only, S. 81: Smit, S. 82: Vadim Zakharishchev, S. 84: Vitalii Bashkatov, S. 91: Kotenko Oleksandr, S. 92: Flaffy, S. 93: Mallmo, S. 94: IgorAleks, S. 95: Chamille White, S. 96: kovop58, S. 97: iravgustin, S. 98: Jag_cz, S. 99: Tatiana Varfolomeeva, S. 100: Ann Yuni, S. 101: nuu_jeed, S. 102: aregfly, S. 103: Alla Simacheva, S. 104: morrowlight, S. 105: Olga Zarytska, S. 106: keren-seg;

www.unsplash.com: S. 3: Superkitina, S. 5: Chandler Cruttenden, S. 7: Annie Spratt, S. 8: Kasper Rasmussen, S. 9: Adrien Converse, S. 11: Aditya Vyas, S. 12: Alex, S. 20: Brooke Lark, S. 21: fotografierende, S. 24: Dino Reichmuth, S. 26: Joanna Kosinska, S. 27: Annie Spratt, S. 28: Maria Shanina, S. 29: Adrien Converse, S. 30: Dominik Dombrowski, S. 31: Alisa Anton, S. 32: Galina N, S. 39: Aaron Huber, S. 46: Josh Boot, S. 49: Christian Søgaard, S. 50: Dilyara Garifullina, S. 53: Dilyara Garifullina, S. 54: Libby Penner, S. 55: MontyLov, S. 56: freestocks, S. 57: Chad Madden, S. 59: Joanna Kosinska, S. 60: Chronis Yan, S. 61: Casey Horner, S. 64: Filip Bunkens, S. 66: Annie Spratt, S. 67: freestocks, S. 69: Aliona Gumeniuk, S. 71: Kate Hliznitsova, S. 74: Todd Diemer, S. 75: Aleksandra Khaprenko, S. 77: Tetiana Shadrina, S. 78: Oskars Sylwan, S. 79: Damian McCoig, S. 80: Annie Spratt, S. 83: Ryan Tasto, S. 85: freestocks, S. 86: Olga Thelavart, S. 87: Markus Spiske, S. 88: eberhard grossgasteiger, S. 89: Aaron Huber, S. 90: Eric Muhr, S. 107: CHUTTERSNAP;

Covergestaltung: Inka Vigh
Gestaltung Innenteil: Inka Vigh

ISBN 978-3-8458-4318-6
1. Auflage

www.arsedition.de

FSC
www.fsc.org
MIX
Papier aus verantwortungsvollen Quellen
FSC® C020056